2023 – 2027

5-Year Monthly Planner

I. S. Anderson

2023 - 2027
5-Year Monthly Planner

Copyright © 2022 by I. S. Anderson

ISBN-10: 1-947399365

ISBN-13: 978-1947399365

All rights reserved, including the right to reproduce this journal in whole or any portions thereof, in any form whatsoever.

For more information regarding this publication, contact: **nahjpress@outlook.com**

First Printing, 2022

2023 – 2027

5-Year Monthly Planner

Belongs To:

_____

2023

JANUARY
S	M	T	W	T	F	S
1	2	3	4	5	6	7
8	9	10	11	12	13	14
15	16	17	18	19	20	21
22	23	24	25	26	27	28
29	30	31				

FEBRUARY
S	M	T	W	T	F	S
			1	2	3	4
5	6	7	8	9	10	11
12	13	14	15	16	17	18
19	20	21	22	23	24	25
26	27	28				

MARCH
S	M	T	W	T	F	S
			1	2	3	4
5	6	7	8	9	10	11
12	13	14	15	16	17	18
19	20	21	22	23	24	25
26	27	28	29	30	31	

APRIL
S	M	T	W	T	F	S
						1
2	3	4	5	6	7	8
9	10	11	12	13	14	15
16	17	18	19	20	21	22
23	24	25	26	27	28	29
30						

MAY
S	M	T	W	T	F	S
	1	2	3	4	5	6
7	8	9	10	11	12	13
14	15	16	17	18	19	20
21	22	23	24	25	26	27
28	29	30	31			

JUNE
S	M	T	W	T	F	S
				1	2	3
4	5	6	7	8	9	10
11	12	13	14	15	16	17
18	19	20	21	22	23	24
25	26	27	28	29	30	

JULY
S	M	T	W	T	F	S
						1
2	3	4	5	6	7	8
9	10	11	12	13	14	15
16	17	18	19	20	21	22
23	24	25	26	27	28	29
30	31					

AUGUST
S	M	T	W	T	F	S
		1	2	3	4	5
6	7	8	9	10	11	12
13	14	15	16	17	18	19
20	21	22	23	24	25	26
27	28	29	30	31		

SEPTEMBER
S	M	T	W	T	F	S
					1	2
3	4	5	6	7	8	9
10	11	12	13	14	15	16
17	18	19	20	21	22	23
24	25	26	27	28	29	30

OCTOBER
S	M	T	W	T	F	S
1	2	3	4	5	6	7
8	9	10	11	12	13	14
15	16	17	18	19	20	21
22	23	24	25	26	27	28
29	30	31				

NOVEMBER
S	M	T	W	T	F	S
			1	2	3	4
5	6	7	8	9	10	11
12	13	14	15	16	17	18
19	20	21	22	23	24	25
26	27	28	29	30		

DECEMBER
S	M	T	W	T	F	S
					1	2
3	4	5	6	7	8	9
10	11	12	13	14	15	16
17	18	19	20	21	22	23
24	25	26	27	28	29	30
31						

2024

JANUARY
S	M	T	W	T	F	S
	1	2	3	4	5	6
7	8	9	10	11	12	13
14	15	16	17	18	19	20
21	22	23	24	25	26	27
28	29	30	31			

FEBRUARY
S	M	T	W	T	F	S
				1	2	3
4	5	6	7	8	9	10
11	12	13	14	15	16	17
18	19	20	21	22	23	24
25	26	27	28	29		

MARCH
S	M	T	W	T	F	S
					1	2
3	4	5	6	7	8	9
10	11	12	13	14	15	16
17	18	19	20	21	22	23
24	25	26	27	28	29	30
31						

APRIL
S	M	T	W	T	F	S
	1	2	3	4	5	6
7	8	9	10	11	12	13
14	15	16	17	18	19	20
21	22	23	24	25	26	27
28	29	30				

MAY
S	M	T	W	T	F	S
			1	2	3	4
5	6	7	8	9	10	11
12	13	14	15	16	17	18
19	20	21	22	23	24	25
26	27	28	29	30	31	

JUNE
S	M	T	W	T	F	S
						1
2	3	4	5	6	7	8
9	10	11	12	13	14	15
16	17	18	19	20	21	22
23	24	25	26	27	28	29
30						

JULY
S	M	T	W	T	F	S
	1	2	3	4	5	6
7	8	9	10	11	12	13
14	15	16	17	18	19	20
21	22	23	24	25	26	27
28	29	30	31			

AUGUST
S	M	T	W	T	F	S
				1	2	3
4	5	6	7	8	9	10
11	12	13	14	15	16	17
18	19	20	21	22	23	24
25	26	27	28	29	30	31

SEPTEMBER
S	M	T	W	T	F	S
1	2	3	4	5	6	7
8	9	10	11	12	13	14
15	16	17	18	19	20	21
22	23	24	25	26	27	28
29	30					

OCTOBER
S	M	T	W	T	F	S
		1	2	3	4	5
6	7	8	9	10	11	12
13	14	15	16	17	18	19
20	21	22	23	24	25	26
27	28	29	30	31		

NOVEMBER
S	M	T	W	T	F	S
					1	2
3	4	5	6	7	8	9
10	11	12	13	14	15	16
17	18	19	20	21	22	23
24	25	26	27	28	29	30

DECEMBER
S	M	T	W	T	F	S
1	2	3	4	5	6	7
8	9	10	11	12	13	14
15	16	17	18	19	20	21
22	23	24	25	26	27	28
29	30	31				

2025

JANUARY
S	M	T	W	T	F	S
			1	2	3	4
5	6	7	8	9	10	11
12	13	14	15	16	17	18
19	20	21	22	23	24	25
26	27	28	29	30	31	

FEBRUARY
S	M	T	W	T	F	S
						1
2	3	4	5	6	7	8
9	10	11	12	13	14	15
16	17	18	19	20	21	22
23	24	25	26	27	28	

MARCH
S	M	T	W	T	F	S
						1
2	3	4	5	6	7	8
9	10	11	12	13	14	15
16	17	18	19	20	21	22
23	24	25	26	27	28	29
30	31					

APRIL
S	M	T	W	T	F	S
		1	2	3	4	5
6	7	8	9	10	11	12
13	14	15	16	17	18	19
20	21	22	23	24	25	26
27	28	29	30			

MAY
S	M	T	W	T	F	S
				1	2	3
4	5	6	7	8	9	10
11	12	13	14	15	16	17
18	19	20	21	22	23	24
25	26	27	28	29	30	31

JUNE
S	M	T	W	T	F	S
1	2	3	4	5	6	7
8	9	10	11	12	13	14
15	16	17	18	19	20	21
22	23	24	25	26	27	28
29	30					

JULY
S	M	T	W	T	F	S
		1	2	3	4	5
6	7	8	9	10	11	12
13	14	15	16	17	18	19
20	21	22	23	24	25	26
27	28	29	30	31		

AUGUST
S	M	T	W	T	F	S
					1	2
3	4	5	6	7	8	9
10	11	12	13	14	15	16
17	18	19	20	21	22	23
24	25	26	27	28	29	30
31						

SEPTEMBER
S	M	T	W	T	F	S
	1	2	3	4	5	6
7	8	9	10	11	12	13
14	15	16	17	18	19	20
21	22	23	24	25	26	27
28	29	30				

OCTOBER
S	M	T	W	T	F	S
			1	2	3	4
5	6	7	8	9	10	11
12	13	14	15	16	17	18
19	20	21	22	23	24	25
26	27	28	29	30	31	

NOVEMBER
S	M	T	W	T	F	S
						1
2	3	4	5	6	7	8
9	10	11	12	13	14	15
16	17	18	19	20	21	22
23	24	25	26	27	28	29
30						

DECEMBER
S	M	T	W	T	F	S
	1	2	3	4	5	6
7	8	9	10	11	12	13
14	15	16	17	18	19	20
21	22	23	24	25	26	27
28	29	30	31			

2026

JANUARY
S	M	T	W	T	F	S
				1	2	3
4	5	6	7	8	9	10
11	12	13	14	15	16	17
18	19	20	21	22	23	24
25	26	27	28	29	30	31

FEBRUARY
S	M	T	W	T	F	S
1	2	3	4	5	6	7
8	9	10	11	12	13	14
15	16	17	18	19	20	21
22	23	24	25	26	27	28

MARCH
S	M	T	W	T	F	S
1	2	3	4	5	6	7
8	9	10	11	12	13	14
15	16	17	18	19	20	21
22	23	24	25	26	27	28
29	30	31				

APRIL
S	M	T	W	T	F	S
			1	2	3	4
5	6	7	8	9	10	11
12	13	14	15	16	17	18
19	20	21	22	23	24	25
26	27	28	29	30		

MAY
S	M	T	W	T	F	S
					1	2
3	4	5	6	7	8	9
10	11	12	13	14	15	16
17	18	19	20	21	22	23
24	25	26	27	28	29	30
31						

JUNE
S	M	T	W	T	F	S
	1	2	3	4	5	6
7	8	9	10	11	12	13
14	15	16	17	18	19	20
21	22	23	24	25	26	27
28	29	30				

JULY
S	M	T	W	T	F	S
			1	2	3	4
5	6	7	8	9	10	11
12	13	14	15	16	17	18
19	20	21	22	23	24	25
26	27	28	29	30	31	

AUGUST
S	M	T	W	T	F	S
						1
2	3	4	5	6	7	8
9	10	11	12	13	14	15
16	17	18	19	20	21	22
23	24	25	26	27	28	29
30	31					

SEPTEMBER
S	M	T	W	T	F	S
		1	2	3	4	5
6	7	8	9	10	11	12
13	14	15	16	17	18	19
20	21	22	23	24	25	26
27	28	29	30			

OCTOBER
S	M	T	W	T	F	S
				1	2	3
4	5	6	7	8	9	10
11	12	13	14	15	16	17
18	19	20	21	22	23	24
25	26	27	28	29	30	31

NOVEMBER
S	M	T	W	T	F	S
1	2	3	4	5	6	7
8	9	10	11	12	13	14
15	16	17	18	19	20	21
22	23	24	25	26	27	28
29	30					

DECEMBER
S	M	T	W	T	F	S
		1	2	3	4	5
6	7	8	9	10	11	12
13	14	15	16	17	18	19
20	21	22	23	24	25	26
27	28	29	30	31		

2027

JANUARY
S	M	T	W	T	F	S
					1	2
3	4	5	6	7	8	9
10	11	12	13	14	15	16
17	18	19	20	21	22	23
24	25	26	27	28	29	30
31						

FEBRUARY
S	M	T	W	T	F	S
	1	2	3	4	5	6
7	8	9	10	11	12	13
14	15	16	17	18	19	20
21	22	23	24	25	26	27
28						

MARCH
S	M	T	W	T	F	S
	1	2	3	4	5	6
7	8	9	10	11	12	13
14	15	16	17	18	19	20
21	22	23	24	25	26	27
28	29	30	31			

APRIL
S	M	T	W	T	F	S
				1	2	3
4	5	6	7	8	9	10
11	12	13	14	15	16	17
18	19	20	21	22	23	24
25	26	27	28	29	30	

MAY
S	M	T	W	T	F	S
						1
2	3	4	5	6	7	8
9	10	11	12	13	14	15
16	17	18	19	20	21	22
23	24	25	26	27	28	29
30	31					

JUNE
S	M	T	W	T	F	S
		1	2	3	4	5
6	7	8	9	10	11	12
13	14	15	16	17	18	19
20	21	22	23	24	25	26
27	28	29	30			

JULY
S	M	T	W	T	F	S
				1	2	3
4	5	6	7	8	9	10
11	12	13	14	15	16	17
18	19	20	21	22	23	24
25	26	27	28	29	30	31

AUGUST
S	M	T	W	T	F	S
1	2	3	4	5	6	7
8	9	10	11	12	13	14
15	16	17	18	19	20	21
22	23	24	25	26	27	28
29	30	31				

SEPTEMBER
S	M	T	W	T	F	S
			1	2	3	4
5	6	7	8	9	10	11
12	13	14	15	16	17	18
19	20	21	22	23	24	25
26	27	28	29	30		

OCTOBER
S	M	T	W	T	F	S
					1	2
3	4	5	6	7	8	9
10	11	12	13	14	15	16
17	18	19	20	21	22	23
24	25	26	27	28	29	30
31						

NOVEMBER
S	M	T	W	T	F	S
	1	2	3	4	5	6
7	8	9	10	11	12	13
14	15	16	17	18	19	20
21	22	23	24	25	26	27
28	29	30				

DECEMBER
S	M	T	W	T	F	S
			1	2	3	4
5	6	7	8	9	10	11
12	13	14	15	16	17	18
19	20	21	22	23	24	25
26	27	28	29	30	31	

2028

JANUARY
S	M	T	W	T	F	S
						1
2	3	4	5	6	7	8
9	10	11	12	13	14	15
16	17	18	19	20	21	22
23	24	25	26	27	28	29
30	31					

FEBRUARY
S	M	T	W	T	F	S
		1	2	3	4	5
6	7	8	9	10	11	12
13	14	15	16	17	18	19
20	21	22	23	24	25	26
27	28	29				

MARCH
S	M	T	W	T	F	S
			1	2	3	4
5	6	7	8	9	10	11
12	13	14	15	16	17	18
19	20	21	22	23	24	25
26	27	28	29	30	31	

APRIL
S	M	T	W	T	F	S
						1
2	3	4	5	6	7	8
9	10	11	12	13	14	15
16	17	18	19	20	21	22
23	24	25	26	27	28	29
30						

MAY
S	M	T	W	T	F	S
	1	2	3	4	5	6
7	8	9	10	11	12	13
14	15	16	17	18	19	20
21	22	23	24	25	26	27
28	29	30	31			

JUNE
S	M	T	W	T	F	S
				1	2	3
4	5	6	7	8	9	10
11	12	13	14	15	16	17
18	19	20	21	22	23	24
25	26	27	28	29	30	

JULY
S	M	T	W	T	F	S
						1
2	3	4	5	6	7	8
9	10	11	12	13	14	15
16	17	18	19	20	21	22
23	24	25	26	27	28	29
30	31					

AUGUST
S	M	T	W	T	F	S
		1	2	3	4	5
6	7	8	9	10	11	12
13	14	15	16	17	18	19
20	21	22	23	24	25	26
27	28	29	30	31		

SEPTEMBER
S	M	T	W	T	F	S
					1	2
3	4	5	6	7	8	9
10	11	12	13	14	15	16
17	18	19	20	21	22	23
24	25	26	27	28	29	30

OCTOBER
S	M	T	W	T	F	S
1	2	3	4	5	6	7
8	9	10	11	12	13	14
15	16	17	18	19	20	21
22	23	24	25	26	27	28
29	30	31				

NOVEMBER
S	M	T	W	T	F	S
			1	2	3	4
5	6	7	8	9	10	11
12	13	14	15	16	17	18
19	20	21	22	23	24	25
26	27	28	29	30		

DECEMBER
S	M	T	W	T	F	S
					1	2
3	4	5	6	7	8	9
10	11	12	13	14	15	16
17	18	19	20	21	22	23
24	25	26	27	28	29	30
31						

2023

January	February	March	April	May	June
1 S	1 W	1 W	1 S	1 M	1 T
2 M	2 T	2 T	2 S	2 T	2 F
3 T	3 F	3 F	3 M	3 W	3 S
4 W	4 S	4 S	4 T	4 T	4 S
5 T	5 S	5 S	5 W	5 F	5 M
6 F	6 M	6 M	6 T	6 S	6 T
7 S	7 T	7 T	7 F	7 S	7 W
8 S	8 W	8 W	8 S	8 M	8 T
9 M	9 T	9 T	9 S	9 T	9 F
10 T	10 F	10 F	10 M	10 W	10 S
11 W	11 S	11 S	11 T	11 T	11 S
12 T	12 S	12 S	12 W	12 F	12 M
13 F	13 M	13 M	13 T	13 S	13 T
14 S	14 T	14 T	14 F	14 S	14 W
15 S	15 W	15 W	15 S	15 M	15 T
16 M	16 T	16 T	16 S	16 T	16 F
17 T	17 F	17 F	17 M	17 W	17 S
18 W	18 S	18 S	18 T	18 T	18 S
19 T	19 S	19 S	19 W	19 F	19 M
20 F	20 M	20 M	20 T	20 S	20 T
21 S	21 T	21 T	21 F	21 S	21 W
22 S	22 W	22 W	22 S	22 M	22 T
23 M	23 T	23 T	23 S	23 T	23 F
24 T	24 F	24 F	24 M	24 W	24 S
25 W	25 S	25 S	25 T	25 T	25 S
26 T	26 S	26 S	26 W	26 F	26 M
27 F	27 M	27 M	27 T	27 S	27 T
28 S	28 T	28 T	28 F	28 S	28 W
29 S		29 W	29 S	29 M	29 T
30 M		30 T	30 S	30 T	30 F
31 T		31 F		31 W	

2023

July	August	September	October	November	December
1 S	1 T	1 F	1 S	1 W	1 F
2 S	2 W	2 S	2 M	2 T	2 S
3 M	3 T	3 S	3 T	3 F	3 S
4 T	4 F	4 M	4 W	4 S	4 M
5 W	5 S	5 T	5 T	5 S	5 T
6 T	6 S	6 W	6 F	6 M	6 W
7 F	7 M	7 T	7 S	7 T	7 T
8 S	8 T	8 F	8 S	8 W	8 F
9 S	9 W	9 S	9 M	9 T	9 S
10 M	10 T	10 S	10 T	10 F	10 S
11 T	11 F	11 M	11 W	11 S	11 M
12 W	12 S	12 T	12 T	12 S	12 T
13 T	13 S	13 W	13 F	13 M	13 W
14 F	14 M	14 T	14 S	14 T	14 T
15 S	15 T	15 F	15 S	15 W	15 F
16 S	16 W	16 S	16 M	16 T	16 S
17 M	17 T	17 S	17 T	17 F	17 S
18 T	18 F	18 M	18 W	18 S	18 M
19 W	19 S	19 T	19 T	19 S	19 T
20 T	20 S	20 W	20 F	20 M	20 W
21 F	21 M	21 T	21 S	21 T	21 T
22 S	22 T	22 F	22 S	22 W	22 F
23 S	23 W	23 S	23 M	23 T	23 S
24 M	24 T	24 S	24 T	24 F	24 S
25 T	25 F	25 M	25 W	25 S	25 M
26 W	26 S	26 T	26 T	26 S	26 T
27 T	27 S	27 W	27 F	27 M	27 W
28 F	28 M	28 T	28 S	28 T	28 T
29 S	29 T	29 F	29 S	29 W	29 F
30 S	30 W	30 S	30 M	30 T	30 S
31 M	31 T		31 T		31 S

JANUARY 2023

SUNDAY	MONDAY	TUESDAY	WEDNESDAY
1 New Year's Day	2	3	4
8	9	10	11
15	16 Martin Luther King Jr. Day	17	18
22	23	24	25
29	30	31	

DECEMBER 2022
S	M	T	W	T	F	S
				1	2	3
4	5	6	7	8	9	10
11	12	13	14	15	16	17
18	19	20	21	22	23	24
25	26	27	28	29	30	31

JANUARY
S	M	T	W	T	F	S
1	2	3	4	5	6	7
8	9	10	11	12	13	14
15	16	17	18	19	20	21
22	23	24	25	26	27	28
29	30	31				

FEBRUARY
S	M	T	W	T	F	S
			1	2	3	4
5	6	7	8	9	10	11
12	13	14	15	16	17	18
19	20	21	22	23	24	25
26	27	28				

THURSDAY	FRIDAY	SATURDAY	NOTES
5	6	7	
12	13	14	
19	20	21	
26	27	28	
☐	☐	☐	
☐	☐	☐	
☐	☐	☐	
☐	☐	☐	
☐	☐	☐	

FEBRUARY 2023

SUNDAY	MONDAY	TUESDAY	WEDNESDAY
			1
5	6	7	8
12	13	14	15
19	20 Presidents' Day	21	22
26	27	28	

JANUARY
S	M	T	W	T	F	S
1	2	3	4	5	6	7
8	9	10	11	12	13	14
15	16	17	18	19	20	21
22	23	24	25	26	27	28
29	30	31				

FEBRUARY
S	M	T	W	T	F	S
			1	2	3	4
5	6	7	8	9	10	11
12	13	14	15	16	17	18
19	20	21	22	23	24	25
26	27	28				

MARCH
S	M	T	W	T	F	S
			1	2	3	4
5	6	7	8	9	10	11
12	13	14	15	16	17	18
19	20	21	22	23	24	25
26	27	28	29	30	31	

THURSDAY	FRIDAY	SATURDAY	NOTES
2	3	4	
9	10	11	
16	17	18	
23	24	25	
☐	☐	☐	
☐	☐	☐	
☐	☐	☐	
☐	☐	☐	
☐	☐	☐	

MARCH 2023

SUNDAY	MONDAY	TUESDAY	WEDNESDAY
			1
5	6	7	8
12	13	14	15
19	20	21	22
26	27	28	29

FEBRUARY
S	M	T	W	T	F	S
			1	2	3	4
5	6	7	8	9	10	11
12	13	14	15	16	17	18
19	20	21	22	23	24	25
26	27	28				

MARCH
S	M	T	W	T	F	S
			1	2	3	4
5	6	7	8	9	10	11
12	13	14	15	16	17	18
19	20	21	22	23	24	25
26	27	28	29	30	31	

APRIL
S	M	T	W	T	F	S
						1
2	3	4	5	6	7	8
9	10	11	12	13	14	15
16	17	18	19	20	21	22
23	24	25	26	27	28	29
30						

THURSDAY	FRIDAY	SATURDAY	NOTES
2	3	4	
9	10	11	
16	17	18	
23	24	25	
30	31		
☐	☐	☐	
☐	☐	☐	
☐	☐	☐	
☐	☐	☐	
☐	☐	☐	

APRIL 2023

SUNDAY	MONDAY	TUESDAY	WEDNESDAY
2	3	4	5
9	10	11	12
16	17	18	19
23	24	25	26
30			

MARCH
S	M	T	W	T	F	S
			1	2	3	4
5	6	7	8	9	10	11
12	13	14	15	16	17	18
19	20	21	22	23	24	25
26	27	28	29	30	31	

APRIL
S	M	T	W	T	F	S
						1
2	3	4	5	6	7	8
9	10	11	12	13	14	15
16	17	18	19	20	21	22
23	24	25	26	27	28	29
30						

MAY
S	M	T	W	T	F	S
	1	2	3	4	5	6
7	8	9	10	11	12	13
14	15	16	17	18	19	20
21	22	23	24	25	26	27
28	29	30	31			

THURSDAY	FRIDAY	SATURDAY	NOTES
		1	
6	7	8	
13	14	15	
20	21	22	
27	28	29	
☐	☐	☐	
☐	☐	☐	
☐	☐	☐	
☐	☐	☐	
☐	☐	☐	

MAY 2023

SUNDAY	MONDAY	TUESDAY	WEDNESDAY
	1	2	3
7	8	9	10
14	15	16	17
21	22	23	24
28	29 Memorial Day	30	31

APRIL
S M T W T F S
                     1
2 3 4 5 6 7 8
9 10 11 12 13 14 15
16 17 18 19 20 21 22
23 24 25 26 27 28 29
30

MAY
S M T W T F S
   1 2 3 4 5 6
7 8 9 10 11 12 13
14 15 16 17 18 19 20
21 22 23 24 25 26 27
28 29 30 31

JUNE
S M T W T F S
              1 2 3
4 5 6 7 8 9 10
11 12 13 14 15 16 17
18 19 20 21 22 23 24
25 26 27 28 29 30

THURSDAY	FRIDAY	SATURDAY	NOTES
4	5	6	
11	12	13	
18	19	20	
25	26	27	
☐	☐	☐	
☐	☐	☐	
☐	☐	☐	
☐	☐	☐	
☐	☐	☐	

JUNE 2023

SUNDAY	MONDAY	TUESDAY	WEDNESDAY
4	5	6	7
11	12	13	14
18	19	20	21
25	26	27	28

MAY
S	M	T	W	T	F	S
	1	2	3	4	5	6
7	8	9	10	11	12	13
14	15	16	17	18	19	20
21	22	23	24	25	26	27
28	29	30	31			

JUNE
S	M	T	W	T	F	S
				1	2	3
4	5	6	7	8	9	10
11	12	13	14	15	16	17
18	19	20	21	22	23	24
25	26	27	28	29	30	

JULY
S	M	T	W	T	F	S
						1
2	3	4	5	6	7	8
9	10	11	12	13	14	15
16	17	18	19	20	21	22
23	24	25	26	27	28	29
30	31					

THURSDAY	FRIDAY	SATURDAY	NOTES
1	2	3	
8	9	10	
15	16	17	
22	23	24	
29	30		
☐	☐	☐	
☐	☐	☐	
☐	☐	☐	
☐	☐	☐	
☐	☐	☐	

JULY 2023

SUNDAY	MONDAY	TUESDAY	WEDNESDAY
2	3	4 Independence Day	5
9	10	11	12
16	17	18	19
23	24	25	26

30	31	**JUNE**
		 S M T W T F S
		                1 2 3
		 4 5 6 7 8 9 10
		 11 12 13 14 15 16 17
		 18 19 20 21 22 23 24
		 25 26 27 28 29 30
			JULY
			 S M T W T F S
			                      1
			 2 3 4 5 6 7 8
			 9 10 11 12 13 14 15
			 16 17 18 19 20 21 22
			 23 24 25 26 27 28 29
			 30 31

THURSDAY	FRIDAY	SATURDAY	NOTES
		1	
6	7	8	
13	14	15	
20	21	22	
27	28	29	

AUGUST 2023

SUNDAY	MONDAY	TUESDAY	WEDNESDAY
		1	2
6	7	8	9
13	14	15	16
20	21	22	23
27	28	29	30

JULY
S M T W T F S
               1
2 3 4 5 6 7 8
9 10 11 12 13 14 15
16 17 18 19 20 21 22
23 24 25 26 27 28 29
30 31

AUGUST
S M T W T F S
      1 2 3 4 5
6 7 8 9 10 11 12
13 14 15 16 17 18 19
20 21 22 23 24 25 26
27 28 29 30 31

SEPTEMBER
S M T W T F S
                1 2
3 4 5 6 7 8 9
10 11 12 13 14 15 16
17 18 19 20 21 22 23
24 25 26 27 28 29 30

THURSDAY	FRIDAY	SATURDAY	NOTES
3	4	5	
10	11	12	
17	18	19	
24	25	26	
31			
☐	☐	☐	
☐	☐	☐	
☐	☐	☐	
☐	☐	☐	
☐	☐	☐	

SEPTEMBER 2023

SUNDAY	MONDAY	TUESDAY	WEDNESDAY
3	4 Labor Day	5	6
10	11	12	13
17	18	19	20
24	25	26	27

AUGUST
S	M	T	W	T	F	S
		1	2	3	4	5
6	7	8	9	10	11	12
13	14	15	16	17	18	19
20	21	22	23	24	25	26
27	28	29	30	31		

SEPTEMBER
S	M	T	W	T	F	S
					1	2
3	4	5	6	7	8	9
10	11	12	13	14	15	16
17	18	19	20	21	22	23
24	25	26	27	28	29	30

OCTOBER
S	M	T	W	T	F	S
1	2	3	4	5	6	7
8	9	10	11	12	13	14
15	16	17	18	19	20	21
22	23	24	25	26	27	28
29	30	31				

THURSDAY	FRIDAY	SATURDAY	NOTES
	1	2	
7	8	9	
14	15	16	
21	22	23	
28	29	30	
☐	☐	☐	
☐	☐	☐	
☐	☐	☐	
☐	☐	☐	
☐	☐	☐	

OCTOBER 2023

SUNDAY	MONDAY	TUESDAY	WEDNESDAY
1	2	3	4
8	9 Columbus Day	10	11
15	16	17	18
22	23	24	25
29	30	31	

SEPTEMBER
S	M	T	W	T	F	S
					1	2
3	4	5	6	7	8	9
10	11	12	13	14	15	16
17	18	19	20	21	22	23
24	25	26	27	28	29	30

OCTOBER
S	M	T	W	T	F	S
1	2	3	4	5	6	7
8	9	10	11	12	13	14
15	16	17	18	19	20	21
22	23	24	25	26	27	28
29	30	31				

NOVEMBER
S	M	T	W	T	F	S
			1	2	3	4
5	6	7	8	9	10	11
12	13	14	15	16	17	18
19	20	21	22	23	24	25
26	27	28	29	30		

THURSDAY	FRIDAY	SATURDAY	NOTES
5	6	7	
12	13	14	
19	20	21	
26	27	28	
☐	☐	☐	
☐	☐	☐	
☐	☐	☐	
☐	☐	☐	
☐	☐	☐	

NOVEMBER 2023

SUNDAY	MONDAY	TUESDAY	WEDNESDAY
			1
5	6	7	8
12	13	14	15
19	20	21	22
26	27	28	29

OCTOBER
S	M	T	W	T	F	S
1	2	3	4	5	6	7
8	9	10	11	12	13	14
15	16	17	18	19	20	21
22	23	24	25	26	27	28
29	30	31				

NOVEMBER
S	M	T	W	T	F	S
			1	2	3	4
5	6	7	8	9	10	11
12	13	14	15	16	17	18
19	20	21	22	23	24	25
26	27	28	29	30		

DECEMBER
S	M	T	W	T	F	S
					1	2
3	4	5	6	7	8	9
10	11	12	13	14	15	16
17	18	19	20	21	22	23
24	25	26	27	28	29	30
31						

THURSDAY	FRIDAY	SATURDAY
2	3	4
9	10	11 Veterans Day
16	17	18
23 Thanksgiving Day	24	25
30		

DECEMBER 2023

SUNDAY	MONDAY	TUESDAY	WEDNESDAY
3	4	5	6
10	11	12	13
17	18	19	20
24	25 Christmas Day	26	27
31			

NOVEMBER
S	M	T	W	T	F	S
			1	2	3	4
5	6	7	8	9	10	11
12	13	14	15	16	17	18
19	20	21	22	23	24	25
26	27	28	29	30		

DECEMBER
S	M	T	W	T	F	S
					1	2
3	4	5	6	7	8	9
10	11	12	13	14	15	16
17	18	19	20	21	22	23
24	25	26	27	28	29	30
31						

JANUARY 2024
S	M	T	W	T	F	S
	1	2	3	4	5	6
7	8	9	10	11	12	13
14	15	16	17	18	19	20
21	22	23	24	25	26	27
28	29	30	31			

THURSDAY	FRIDAY	SATURDAY	NOTES
	1	2	
7	8	9	
14	15	16	
21	22	23	
28	29	30	
☐	☐	☐	
☐	☐	☐	
☐	☐	☐	
☐	☐	☐	
☐	☐	☐	

2024

2024

January	February	March	April	May	June
1 M	1 T	1 F	1 M	1 W	1 S
2 T	2 F	2 S	2 T	2 T	2 S
3 W	3 S	3 S	3 W	3 F	3 M
4 T	4 S	4 M	4 T	4 S	4 T
5 F	5 M	5 T	5 F	5 S	5 W
6 S	6 T	6 W	6 S	6 M	6 T
7 S	7 W	7 T	7 S	7 T	7 F
8 M	8 T	8 F	8 M	8 W	8 S
9 T	9 F	9 S	9 T	9 T	9 S
10 W	10 S	10 S	10 W	10 F	10 M
11 T	11 S	11 M	11 T	11 S	11 T
12 F	12 M	12 T	12 F	12 S	12 W
13 S	13 T	13 W	13 S	13 M	13 T
14 S	14 W	14 T	14 S	14 T	14 F
15 M	15 T	15 F	15 M	15 W	15 S
16 T	16 F	16 S	16 T	16 T	16 S
17 W	17 S	17 S	17 W	17 F	17 M
18 T	18 S	18 M	18 T	18 S	18 T
19 F	19 M	19 T	19 F	19 S	19 W
20 S	20 T	20 W	20 S	20 M	20 T
21 S	21 W	21 T	21 S	21 T	21 F
22 M	22 T	22 F	22 M	22 W	22 S
23 T	23 F	23 S	23 T	23 T	23 S
24 W	24 S	24 S	24 W	24 F	24 M
25 T	25 S	25 M	25 T	25 S	25 T
26 F	26 M	26 T	26 F	26 S	26 W
27 S	27 T	27 W	27 S	27 M	27 T
28 S	28 W	28 T	28 S	28 T	28 F
29 M	29 T	29 F	29 M	29 W	29 S
30 T		30 S	30 T	30 T	30 S
31 W		31 S		31 F	

2024

July	August	September	October	November	December
1 M	1 T	1 S	1 T	1 F	1 S
2 T	2 F	2 M	2 W	2 S	2 M
3 W	3 S	3 T	3 T	3 S	3 T
4 T	4 S	4 W	4 F	4 M	4 W
5 F	5 M	5 T	5 S	5 T	5 T
6 S	6 T	6 F	6 S	6 W	6 F
7 S	7 W	7 S	7 M	7 T	7 S
8 M	8 T	8 S	8 T	8 F	8 S
9 T	9 F	9 M	9 W	9 S	9 M
10 W	10 S	10 T	10 T	10 S	10 T
11 T	11 S	11 W	11 F	11 M	11 W
12 F	12 M	12 T	12 S	12 T	12 T
13 S	13 T	13 F	13 S	13 W	13 F
14 S	14 W	14 S	14 M	14 T	14 S
15 M	15 T	15 S	15 T	15 F	15 S
16 T	16 F	16 M	16 W	16 S	16 M
17 W	17 S	17 T	17 T	17 S	17 T
18 T	18 S	18 W	18 F	18 M	18 W
19 F	19 M	19 T	19 S	19 T	19 T
20 S	20 T	20 F	20 S	20 W	20 F
21 S	21 W	21 S	21 M	21 T	21 S
22 M	22 T	22 S	22 T	22 F	22 S
23 T	23 F	23 M	23 W	23 S	23 M
24 W	24 S	24 T	24 T	24 S	24 T
25 T	25 S	25 W	25 F	25 M	25 W
26 F	26 M	26 T	26 S	26 T	26 T
27 S	27 T	27 F	27 S	27 W	27 F
28 S	28 W	28 S	28 M	28 T	28 S
29 M	29 T	29 S	29 T	29 F	29 S
30 T	30 F	30 M	30 W	30 S	30 M
31 W	31 S		31 T		31 T

JANUARY 2024

SUNDAY	MONDAY	TUESDAY	WEDNESDAY
	1 New Year's Day	2	3
7	8	9	10
14	15 Martin Luther King Jr. Day	16	17
21	22	23	24
28	29	30	31

DECEMBER 2023
S	M	T	W	T	F	S
					1	2
3	4	5	6	7	8	9
10	11	12	13	14	15	16
17	18	19	20	21	22	23
24	25	26	27	28	29	30
31						

JANUARY
S	M	T	W	T	F	S
	1	2	3	4	5	6
7	8	9	10	11	12	13
14	15	16	17	18	19	20
21	22	23	24	25	26	27
28	29	30	31			

FEBRUARY
S	M	T	W	T	F	S
				1	2	3
4	5	6	7	8	9	10
11	12	13	14	15	16	17
18	19	20	21	22	23	24
25	26	27	28	29		

THURSDAY	FRIDAY	SATURDAY	NOTES
4	5	6	
11	12	13	
18	19	20	
25	26	27	

FEBRUARY 2024

SUNDAY	MONDAY	TUESDAY	WEDNESDAY
4	5	6	7
11	12	13	14
18	19 Presidents' Day	20	21
25	26	27	28

JANUARY
S	M	T	W	T	F	S
	1	2	3	4	5	6
7	8	9	10	11	12	13
14	15	16	17	18	19	20
21	22	23	24	25	26	27
28	29	30	31			

FEBRUARY
S	M	T	W	T	F	S
				1	2	3
4	5	6	7	8	9	10
11	12	13	14	15	16	17
18	19	20	21	22	23	24
25	26	27	28	29		

MARCH
S	M	T	W	T	F	S
					1	2
3	4	5	6	7	8	9
10	11	12	13	14	15	16
17	18	19	20	21	22	23
24	25	26	27	28	29	30
31						

THURSDAY	FRIDAY	SATURDAY	NOTES
1	2	3	
8	9	10	
15	16	17	
22	23	24	
29			
☐	☐	☐	
☐	☐	☐	
☐	☐	☐	
☐	☐	☐	
☐	☐	☐	

MARCH 2024

SUNDAY	MONDAY	TUESDAY	WEDNESDAY
3	4	5	6
10	11	12	13
17	18	19	20
24	25	26	27
31			

FEBRUARY
S	M	T	W	T	F	S
				1	2	3
4	5	6	7	8	9	10
11	12	13	14	15	16	17
18	19	20	21	22	23	24
25	26	27	28	29		

MARCH
S	M	T	W	T	F	S
					1	2
3	4	5	6	7	8	9
10	11	12	13	14	15	16
17	18	19	20	21	22	23
24	25	26	27	28	29	30
31						

APRIL
S	M	T	W	T	F	S
	1	2	3	4	5	6
7	8	9	10	11	12	13
14	15	16	17	18	19	20
21	22	23	24	25	26	27
28	29	30				

THURSDAY	FRIDAY	SATURDAY	NOTES
	1	2	
7	8	9	
14	15	16	
21	22	23	
28	29	30	
☐	☐	☐	
☐	☐	☐	
☐	☐	☐	
☐	☐	☐	
☐	☐	☐	

APRIL 2024

SUNDAY	MONDAY	TUESDAY	WEDNESDAY
	1	2	3
7	8	9	10
14	15	16	17
21	22	23	24
28	29	30	

MARCH
S	M	T	W	T	F	S
					1	2
3	4	5	6	7	8	9
10	11	12	13	14	15	16
17	18	19	20	21	22	23
24	25	26	27	28	29	30
31						

APRIL
S	M	T	W	T	F	S
	1	2	3	4	5	6
7	8	9	10	11	12	13
14	15	16	17	18	19	20
21	22	23	24	25	26	27
28	29	30				

MAY
S	M	T	W	T	F	S
			1	2	3	4
5	6	7	8	9	10	11
12	13	14	15	16	17	18
19	20	21	22	23	24	25
26	27	28	29	30	31	

THURSDAY	FRIDAY	SATURDAY	NOTES
4	5	6	
11	12	13	
18	19	20	
25	26	27	
☐	☐	☐	
☐	☐	☐	
☐	☐	☐	
☐	☐	☐	
☐	☐	☐	

MAY 2024

SUNDAY	MONDAY	TUESDAY	WEDNESDAY
			1
5	6	7	8
12	13	14	15
19	20	21	22
26	27 Memorial Day	28	29

APRIL
S	M	T	W	T	F	S
	1	2	3	4	5	6
7	8	9	10	11	12	13
14	15	16	17	18	19	20
21	22	23	24	25	26	27
28	29	30				

MAY
S	M	T	W	T	F	S
			1	2	3	4
5	6	7	8	9	10	11
12	13	14	15	16	17	18
19	20	21	22	23	24	25
26	27	28	29	30	31	

JUNE
S	M	T	W	T	F	S
						1
2	3	4	5	6	7	8
9	10	11	12	13	14	15
16	17	18	19	20	21	22
23	24	25	26	27	28	29
30						

THURSDAY	FRIDAY	SATURDAY	NOTES
2	3	4	
9	10	11	
16	17	18	
23	24	25	
30	31		
☐	☐	☐	
☐	☐	☐	
☐	☐	☐	
☐	☐	☐	
☐	☐	☐	

JUNE 2024

SUNDAY	MONDAY	TUESDAY	WEDNESDAY
2	3	4	5
9	10	11	12
16	17	18	19
23	24	25	26
30			

MAY
S	M	T	W	T	F	S
			1	2	3	4
5	6	7	8	9	10	11
12	13	14	15	16	17	18
19	20	21	22	23	24	25
26	27	28	29	30	31	

JUNE
S	M	T	W	T	F	S
						1
2	3	4	5	6	7	8
9	10	11	12	13	14	15
16	17	18	19	20	21	22
23	24	25	26	27	28	29
30						

JULY
S	M	T	W	T	F	S
	1	2	3	4	5	6
7	8	9	10	11	12	13
14	15	16	17	18	19	20
21	22	23	24	25	26	27
28	29	30	31			

THURSDAY	FRIDAY	SATURDAY	NOTES
		1	
6	7	8	
13	14	15	
20	21	22	
27	28	29	
☐	☐	☐	
☐	☐	☐	
☐	☐	☐	
☐	☐	☐	
☐	☐	☐	

JULY 2024

SUNDAY	MONDAY	TUESDAY	WEDNESDAY
	1	2	3
7	8	9	10
14	15	16	17
21	22	23	24
28	29	30	31

JUNE
S	M	T	W	T	F	S
						1
2	3	4	5	6	7	8
9	10	11	12	13	14	15
16	17	18	19	20	21	22
23	24	25	26	27	28	29
30						

JULY
S	M	T	W	T	F	S
	1	2	3	4	5	6
7	8	9	10	11	12	13
14	15	16	17	18	19	20
21	22	23	24	25	26	27
28	29	30	31			

AUGUST
S	M	T	W	T	F	S
				1	2	3
4	5	6	7	8	9	10
11	12	13	14	15	16	17
18	19	20	21	22	23	24
25	26	27	28	29	30	31

THURSDAY	FRIDAY	SATURDAY	NOTES
4 Independence Day	5	6	
11	12	13	
18	19	20	
25	26	27	
☐	☐	☐	
☐	☐	☐	
☐	☐	☐	
☐	☐	☐	
☐	☐	☐	

AUGUST 2024

SUNDAY	MONDAY	TUESDAY	WEDNESDAY
4	5	6	7
11	12	13	14
18	19	20	21
25	26	27	28

JULY
S	M	T	W	T	F	S
	1	2	3	4	5	6
7	8	9	10	11	12	13
14	15	16	17	18	19	20
21	22	23	24	25	26	27
28	29	30	31			

AUGUST
S	M	T	W	T	F	S
				1	2	3
4	5	6	7	8	9	10
11	12	13	14	15	16	17
18	19	20	21	22	23	24
25	26	27	28	29	30	31

SEPTEMBER
S	M	T	W	T	F	S
1	2	3	4	5	6	7
8	9	10	11	12	13	14
15	16	17	18	19	20	21
22	23	24	25	26	27	28
29	30					

THURSDAY	FRIDAY	SATURDAY	NOTES
1	2	3	
8	9	10	
15	16	17	
22	23	24	
29	30	31	
☐	☐	☐	
☐	☐	☐	
☐	☐	☐	
☐	☐	☐	
☐	☐	☐	

SEPTEMBER 2024

SUNDAY	MONDAY	TUESDAY	WEDNESDAY
1	2 Labor Day	3	4
8	9	10	11
15	16	17	18
22	23	24	25
29	30		

AUGUST	SEPTEMBER	OCTOBER

S M T W T F S
              1 2 3
4 5 6 7 8 9 10
11 12 13 14 15 16 17
18 19 20 21 22 23 24
25 26 27 28 29 30 31
	S M T W T F S
	1 2 3 4 5 6 7
	8 9 10 11 12 13 14
	15 16 17 18 19 20 21
	22 23 24 25 26 27 28
	29 30
		S M T W T F S
		          1 2 3 4 5
		6 7 8 9 10 11 12
		13 14 15 16 17 18 19
		20 21 22 23 24 25 26
		27 28 29 30 31

THURSDAY	FRIDAY	SATURDAY	NOTES
5	6	7	
12	13	14	
19	20	21	
26	27	28	
☐	☐	☐	
☐	☐	☐	
☐	☐	☐	
☐	☐	☐	
☐	☐	☐	

OCTOBER 2024

SUNDAY	MONDAY	TUESDAY	WEDNESDAY
		1	2
6	7	8	9
13	14 Columbus Day	15	16
20	21	22	23
27	28	29	30

SEPTEMBER
S	M	T	W	T	F	S
1	2	3	4	5	6	7
8	9	10	11	12	13	14
15	16	17	18	19	20	21
22	23	24	25	26	27	28
29	30					

OCTOBER
S	M	T	W	T	F	S
		1	2	3	4	5
6	7	8	9	10	11	12
13	14	15	16	17	18	19
20	21	22	23	24	25	26
27	28	29	30	31		

NOVEMBER
S	M	T	W	T	F	S
					1	2
3	4	5	6	7	8	9
10	11	12	13	14	15	16
17	18	19	20	21	22	23
24	25	26	27	28	29	30

THURSDAY	FRIDAY	SATURDAY	NOTES
3	4	5	
10	11	12	
17	18	19	
24	25	26	
31			
☐	☐	☐	
☐	☐	☐	
☐	☐	☐	
☐	☐	☐	
☐	☐	☐	

NOVEMBER 2024

SUNDAY	MONDAY	TUESDAY	WEDNESDAY
3	4	5	6
10	11 Veterans Day	12	13
17	18	19	20
24	25	26	27

OCTOBER
S M T W T F S
      1 2 3 4 5
6 7 8 9 10 11 12
13 14 15 16 17 18 19
20 21 22 23 24 25 26
27 28 29 30 31

NOVEMBER
S M T W T F S
                1 2
3 4 5 6 7 8 9
10 11 12 13 14 15 16
17 18 19 20 21 22 23
24 25 26 27 28 29 30

DECEMBER
S M T W T F S
1 2 3 4 5 6 7
8 9 10 11 12 13 14
15 16 17 18 19 20 21
22 23 24 25 26 27 28
29 30 31

THURSDAY	FRIDAY	SATURDAY	NOTES
	1	2	
7	8	9	
14	15	16	
21	22	23	
28 Thanksgiving Day	29	30	
☐	☐	☐	
☐	☐	☐	
☐	☐	☐	
☐	☐	☐	
☐	☐	☐	

DECEMBER 2024

SUNDAY	MONDAY	TUESDAY	WEDNESDAY
1	2	3	4
8	9	10	11
15	16	17	18
22	23	24	25 Christmas Day
29	30	31	

NOVEMBER							DECEMBER							JANUARY					2025	
S	M	T	W	T	F	S	S	M	T	W	T	F	S	S	M	T	W	T	F	S
					1	2	1	2	3	4	5	6	7				1	2	3	4
3	4	5	6	7	8	9	8	9	10	11	12	13	14	5	6	7	8	9	10	11
10	11	12	13	14	15	16	15	16	17	18	19	20	21	12	13	14	15	16	17	18
17	18	19	20	21	22	23	22	23	24	25	26	27	28	19	20	21	22	23	24	25
24	25	26	27	28	29	30	29	30	31					26	27	28	29	30	31	

THURSDAY	FRIDAY	SATURDAY	NOTES
5	6	7	
12	13	14	
19	20	21	
26	27	28	
☐	☐	☐	
☐	☐	☐	
☐	☐	☐	
☐	☐	☐	
☐	☐	☐	

2025

2025

January	February	March	April	May	June
1 W	1 S	1 S	1 T	1 T	1 S
2 T	2 S	2 S	2 W	2 F	2 M
3 F	3 M	3 M	3 T	3 S	3 T
4 S	4 T	4 T	4 F	4 S	4 W
5 S	5 W	5 W	5 S	5 M	5 T
6 M	6 T	6 T	6 S	6 T	6 F
7 T	7 F	7 F	7 M	7 W	7 S
8 W	8 S	8 S	8 T	8 T	8 S
9 T	9 S	9 S	9 W	9 F	9 M
10 F	10 M	10 M	10 T	10 S	10 T
11 S	11 T	11 T	11 F	11 S	11 W
12 S	12 W	12 W	12 S	12 M	12 T
13 M	13 T	13 T	13 S	13 T	13 F
14 T	14 F	14 F	14 M	14 W	14 S
15 W	15 S	15 S	15 T	15 T	15 S
16 T	16 S	16 S	16 W	16 F	16 M
17 F	17 M	17 M	17 T	17 S	17 T
18 S	18 T	18 T	18 F	18 S	18 W
19 S	19 W	19 W	19 S	19 M	19 T
20 M	20 T	20 T	20 S	20 T	20 F
21 T	21 F	21 F	21 M	21 W	21 S
22 W	22 S	22 S	22 T	22 T	22 S
23 T	23 S	23 S	23 W	23 F	23 M
24 F	24 M	24 M	24 T	24 S	24 T
25 S	25 T	25 T	25 F	25 S	25 W
26 S	26 W	26 W	26 S	26 M	26 T
27 M	27 T	27 T	27 S	27 T	27 F
28 T	28 F	28 F	28 M	28 W	28 S
29 W		29 S	29 T	29 T	29 S
30 T		30 S	30 W	30 F	30 M
31 F		31 M		31 S	

2025

July	August	September	October	November	December
1 T	1 F	1 M	1 W	1 S	1 M
2 W	2 S	2 T	2 T	2 S	2 T
3 T	3 S	3 W	3 F	3 M	3 W
4 F	4 M	4 T	4 S	4 T	4 T
5 S	5 T	5 F	5 S	5 W	5 F
6 S	6 W	6 S	6 M	6 T	6 S
7 M	7 T	7 S	7 T	7 F	7 S
8 T	8 F	8 M	8 W	8 S	8 M
9 W	9 S	9 T	9 T	9 S	9 T
10 T	10 S	10 W	10 F	10 M	10 W
11 F	11 M	11 T	11 S	11 T	11 T
12 S	12 T	12 F	12 S	12 W	12 F
13 S	13 W	13 S	13 M	13 T	13 S
14 M	14 T	14 S	14 T	14 F	14 S
15 T	15 F	15 M	15 W	15 S	15 M
16 W	16 S	16 T	16 T	16 S	16 T
17 T	17 S	17 W	17 F	17 M	17 W
18 F	18 M	18 T	18 S	18 T	18 T
19 S	19 T	19 F	19 S	19 W	19 F
20 S	20 W	20 S	20 M	20 T	20 S
21 M	21 T	21 S	21 T	21 F	21 S
22 T	22 F	22 M	22 W	22 S	22 M
23 W	23 S	23 T	23 T	23 S	23 T
24 T	24 S	24 W	24 F	24 M	24 W
25 F	25 M	25 T	25 S	25 T	25 T
26 S	26 T	26 F	26 S	26 W	26 F
27 S	27 W	27 S	27 M	27 T	27 S
28 M	28 T	28 S	28 T	28 F	28 S
29 T	29 F	29 M	29 W	29 S	29 M
30 W	30 S	30 T	30 T	30 S	30 T
31 T	31 S		31 F		31 W

JANUARY 2025

SUNDAY	MONDAY	TUESDAY	WEDNESDAY
			1 New Year's Day
5	6	7	8
12	13	14	15
19	20 Martin Luther King Day	21	22
26	27	28	29

DECEMBER 2024	JANUARY	FEBRUARY

S M T W T F S
1 2 3 4 5 6 7
8 9 10 11 12 13 14
15 16 17 18 19 20 21
22 23 24 25 26 27 28
29 30 31
	S M T W T F S
	          1 2 3 4
	5 6 7 8 9 10 11
	12 13 14 15 16 17 18
	19 20 21 22 23 24 25
	26 27 28 29 30 31
		S M T W T F S
		                         1
		2 3 4 5 6 7 8
		9 10 11 12 13 14 15
		16 17 18 19 20 21 22
		23 24 25 26 27 28

THURSDAY	FRIDAY	SATURDAY	NOTES
2	3	4	
9	10	11	
16	17	18	
23	24	25	
30	31		
☐	☐	☐	
☐	☐	☐	
☐	☐	☐	
☐	☐	☐	
☐	☐	☐	

FEBRUARY 2025

SUNDAY	MONDAY	TUESDAY	WEDNESDAY
2	3	4	5
9	10	11	12
16	17 *Presidents' Day*	18	19
23	24	25	26

JANUARY
S	M	T	W	T	F	S
			1	2	3	4
5	6	7	8	9	10	11
12	13	14	15	16	17	18
19	20	21	22	23	24	25
26	27	28	29	30	31	

FEBRUARY
S	M	T	W	T	F	S
						1
2	3	4	5	6	7	8
9	10	11	12	13	14	15
16	17	18	19	20	21	22
23	24	25	26	27	28	

MARCH
S	M	T	W	T	F	S
						1
2	3	4	5	6	7	8
9	10	11	12	13	14	15
16	17	18	19	20	21	22
23	24	25	26	27	28	29
30	31					

THURSDAY	FRIDAY	SATURDAY	NOTES
		1	
6	7	8	
13	14	15	
20	21	22	
27	28		
☐	☐	☐	
☐	☐	☐	
☐	☐	☐	
☐	☐	☐	
☐	☐	☐	

MARCH 2025

SUNDAY	MONDAY	TUESDAY	WEDNESDAY
2	3	4	5
9	10	11	12
16	17	18	19
23	24	25	26

30	31	FEBRUARY
		S M T W T F S
		            1
		2 3 4 5 6 7 8
		9 10 11 12 13 14 15
		16 17 18 19 20 21 22
		23 24 25 26 27 28
			MARCH
			S M T W T F S
			            1
			2 3 4 5 6 7 8
			9 10 11 12 13 14 15
			16 17 18 19 20 21 22
			23 24 25 26 27 28 29
			30 31

THURSDAY	FRIDAY	SATURDAY	NOTES
		1	
6	7	8	
13	14	15	
20	21	22	
27	28	29	
☐	☐	☐	
☐	☐	☐	
☐	☐	☐	
☐	☐	☐	
☐	☐	☐	

APRIL 2025

SUNDAY	MONDAY	TUESDAY	WEDNESDAY
		1	2
6	7	8	9
13	14	15	16
20	21	22	23
27	28	29	30

MARCH
S	M	T	W	T	F	S
						1
2	3	4	5	6	7	8
9	10	11	12	13	14	15
16	17	18	19	20	21	22
23	24	25	26	27	28	29
30	31					

APRIL
S	M	T	W	T	F	S
		1	2	3	4	5
6	7	8	9	10	11	12
13	14	15	16	17	18	19
20	21	22	23	24	25	26
27	28	29	30			

MAY
S	M	T	W	T	F	S
				1	2	3
4	5	6	7	8	9	10
11	12	13	14	15	16	17
18	19	20	21	22	23	24
25	26	27	28	29	30	31

THURSDAY	FRIDAY	SATURDAY	NOTES
3	4	5	
10	11	12	
17	18	19	
24	25	26	
☐	☐	☐	
☐	☐	☐	
☐	☐	☐	
☐	☐	☐	
☐	☐	☐	

MAY 2025

SUNDAY	MONDAY	TUESDAY	WEDNESDAY
4	5	6	7
11	12	13	14
18	19	20	21
25	26 Memorial Day	27	28

APRIL
S	M	T	W	T	F	S
		1	2	3	4	5
6	7	8	9	10	11	12
13	14	15	16	17	18	19
20	21	22	23	24	25	26
27	28	29	30			

MAY
S	M	T	W	T	F	S
				1	2	3
4	5	6	7	8	9	10
11	12	13	14	15	16	17
18	19	20	21	22	23	24
25	26	27	28	29	30	31

JUNE
S	M	T	W	T	F	S
1	2	3	4	5	6	7
8	9	10	11	12	13	14
15	16	17	18	19	20	21
22	23	24	25	26	27	28
29	30					

THURSDAY	FRIDAY	SATURDAY	NOTES
1	2	3	
8	9	10	
15	16	17	
22	23	24	
29	30	31	
☐	☐	☐	
☐	☐	☐	
☐	☐	☐	
☐	☐	☐	
☐	☐	☐	

JUNE 2025

SUNDAY	MONDAY	TUESDAY	WEDNESDAY
1	2	3	4
8	9	10	11
15	16	17	18
22	23	24	25
28	30		

MAY
S M T W T F S
            1 2 3
 4 5 6 7 8 9 10
11 12 13 14 15 16 17
18 19 20 21 22 23 24
25 26 27 28 29 30 31

JUNE
S M T W T F S
 1 2 3 4 5 6 7
 8 9 10 11 12 13 14
15 16 17 18 19 20 21
22 23 24 25 26 27 28
29 30

JULY
S M T W T F S
       1 2 3 4 5
 6 7 8 9 10 11 12
13 14 15 16 17 18 19
20 21 22 23 24 25 26
27 28 29 30 31

THURSDAY	FRIDAY	SATURDAY	NOTES
5	6	7	
12	13	14	
19	20	21	
26	27	28	
☐	☐	☐	
☐	☐	☐	
☐	☐	☐	
☐	☐	☐	
☐	☐	☐	

JULY 2025

SUNDAY	MONDAY	TUESDAY	WEDNESDAY
		1	2
6	7	8	9
13	14	15	16
20	21	22	23
27	28	29	30

JUNE
S	M	T	W	T	F	S
1	2	3	4	5	6	7
8	9	10	11	12	13	14
15	16	17	18	19	20	21
22	23	24	25	26	27	28
29	30					

JULY
S	M	T	W	T	F	S
		1	2	3	4	5
6	7	8	9	10	11	12
13	14	15	16	17	18	19
20	21	22	23	24	25	26
27	28	29	30	31		

AUGUST
S	M	T	W	T	F	S
					1	2
3	4	5	6	7	8	9
10	11	12	13	14	15	16
17	18	19	20	21	22	23
24	25	26	27	28	29	30
31						

THURSDAY	FRIDAY	SATURDAY	NOTES
3	4 Independence Day	5	
10	11	12	
17	18	19	
24	25	26	
31	☐	☐	
☐	☐	☐	
☐	☐	☐	
☐	☐	☐	
☐	☐	☐	

AUGUST 2025

SUNDAY	MONDAY	TUESDAY	WEDNESDAY
3	4	5	6
10	11	12	13
17	18	19	20
24	25	26	27
31			

JULY
S	M	T	W	T	F	S
		1	2	3	4	5
6	7	8	9	10	11	12
13	14	15	16	17	18	19
20	21	22	23	24	25	26
27	28	29	30	31		

AUGUST
S	M	T	W	T	F	S
					1	2
3	4	5	6	7	8	9
10	11	12	13	14	15	16
17	18	19	20	21	22	23
24	25	26	27	28	29	30
31						

SEPTEMBER
S	M	T	W	T	F	S
	1	2	3	4	5	6
7	8	9	10	11	12	13
14	15	16	17	18	19	20
21	22	23	24	25	26	27
28	29	30				

THURSDAY	FRIDAY	SATURDAY	NOTES
	1	2	
7	8	9	
14	15	16	
21	22	23	
28	29	30	
☐	☐	☐	
☐	☐	☐	
☐	☐	☐	
☐	☐	☐	
☐	☐	☐	

SEPTEMBER 2025

SUNDAY	MONDAY	TUESDAY	WEDNESDAY
	1 Labor Day	2	3
7	8	9	10
14	15	16	17
21	22	23	24
28	29	30	

AUGUST
S	M	T	W	T	F	S
					1	2
3	4	5	6	7	8	9
10	11	12	13	14	15	16
17	18	19	20	21	22	23
24	25	26	27	28	29	30
31						

SEPTEMBER
S	M	T	W	T	F	S
	1	2	3	4	5	6
7	8	9	10	11	12	13
14	15	16	17	18	19	20
21	22	23	24	25	26	27
28	29	30				

OCTOBER
S	M	T	W	T	F	S
			1	2	3	4
5	6	7	8	9	10	11
12	13	14	15	16	17	18
19	20	21	22	23	24	25
26	27	28	29	30	31	

THURSDAY	FRIDAY	SATURDAY	NOTES
4	5	6	
11	12	13	
18	19	20	
25	26	27	
☐	☐	☐	
☐	☐	☐	
☐	☐	☐	
☐	☐	☐	
☐	☐	☐	

OCTOBER 2025

SUNDAY	MONDAY	TUESDAY	WEDNESDAY
			1
5	6	7	8
12	13 **Columbus Day**	14	15
19	20	21	22
26	27	28	29

SEPTEMBER
S	M	T	W	T	F	S
	1	2	3	4	5	6
7	8	9	10	11	12	13
14	15	16	17	18	19	20
21	22	23	24	25	26	27
28	29	30				

OCTOBER
S	M	T	W	T	F	S
			1	2	3	4
5	6	7	8	9	10	11
12	13	14	15	16	17	18
19	20	21	22	23	24	25
26	27	28	29	30	31	

NOVEMBER
S	M	T	W	T	F	S
						1
2	3	4	5	6	7	8
9	10	11	12	13	14	15
16	17	18	19	20	21	22
23	24	25	26	27	28	29
30						

THURSDAY	FRIDAY	SATURDAY	NOTES
2	3	4	
9	10	11	
16	17	18	
23	24	25	
30	31		
☐	☐	☐	
☐	☐	☐	
☐	☐	☐	
☐	☐	☐	
☐	☐	☐	

NOVEMBER 2025

SUNDAY	MONDAY	TUESDAY	WEDNESDAY
2	3	4	5
9	10	11 Veterans' Day	12
16	17	18	19
23	24	25	26
30			

OCTOBER
S	M	T	W	T	F	S
			1	2	3	4
5	6	7	8	9	10	11
12	13	14	15	16	17	18
19	20	21	22	23	24	25
26	27	28	29	30	31	

NOVEMBER
S	M	T	W	T	F	S
						1
2	3	4	5	6	7	8
9	10	11	12	13	14	15
16	17	18	19	20	21	22
23	24	25	26	27	28	29
30						

DECEMBER
S	M	T	W	T	F	S
	1	2	3	4	5	6
7	8	9	10	11	12	13
14	15	16	17	18	19	20
21	22	23	24	25	26	27
28	29	30	31			

THURSDAY	FRIDAY	SATURDAY	NOTES
		1	
6	7	8	
13	14	15	
20	21	22	
27 Thanksgiving Day	28	29	

DECEMBER 2025

SUNDAY	MONDAY	TUESDAY	WEDNESDAY
	1	2	3
7	8	9	10
14	15	16	17
21	22	23	24
28	29	30	31

NOVEMBER
S	M	T	W	T	F	S
						1
2	3	4	5	6	7	8
9	10	11	12	13	14	15
16	17	18	19	20	21	22
23	24	25	26	27	28	29
30						

DECEMBER
S	M	T	W	T	F	S
	1	2	3	4	5	6
7	8	9	10	11	12	13
14	15	16	17	18	19	20
21	22	23	24	25	26	27
28	29	30	31			

JANUARY 2026
S	M	T	W	T	F	S
				1	2	3
4	5	6	7	8	9	10
11	12	13	14	15	16	17
18	19	20	21	22	23	24
25	26	27	28	29	30	31

THURSDAY	FRIDAY	SATURDAY	NOTES
4	5	6	
11	12	13	
18	19	20	
25 Christmas Day	26	27	
☐	☐	☐	
☐	☐	☐	
☐	☐	☐	
☐	☐	☐	
☐	☐	☐	

2026

2026

January	February	March	April	May	June
1 T	1 S	1 S	1 W	1 F	1 M
2 F	2 M	2 M	2 T	2 S	2 T
3 S	3 T	3 T	3 F	3 S	3 W
4 S	4 W	4 W	4 S	4 M	4 T
5 M	5 T	5 T	5 S	5 T	5 F
6 T	6 F	6 F	6 M	6 W	6 S
7 W	7 S	7 S	7 T	7 T	7 S
8 T	8 S	8 S	8 W	8 F	8 M
9 F	9 M	9 M	9 T	9 S	9 T
10 S	10 T	10 T	10 F	10 S	10 W
11 S	11 W	11 W	11 S	11 M	11 T
12 M	12 T	12 T	12 S	12 T	12 F
13 T	13 F	13 F	13 M	13 W	13 S
14 W	14 S	14 S	14 T	14 T	14 S
15 T	15 S	15 S	15 W	15 F	15 M
16 F	16 M	16 M	16 T	16 S	16 T
17 S	17 T	17 T	17 F	17 S	17 W
18 S	18 W	18 W	18 S	18 M	18 T
19 M	19 T	19 T	19 S	19 T	19 F
20 T	20 F	20 F	20 M	20 W	20 S
21 W	21 S	21 S	21 T	21 T	21 S
22 T	22 S	22 S	22 W	22 F	22 M
23 F	23 M	23 M	23 T	23 S	23 T
24 S	24 T	24 T	24 F	24 S	24 W
25 S	25 W	25 W	25 S	25 M	25 T
26 M	26 T	26 T	26 S	26 T	26 F
27 T	27 F	27 F	27 M	27 W	27 S
28 W	28 S	28 S	28 T	28 T	28 S
29 T		29 S	29 W	29 F	29 M
30 F		30 M	30 T	30 S	30 T
31 S		31 T		31 S	

2026

July	August	September	October	November	December
1 W	1 S	1 T	1 T	1 S	1 T
2 T	2 S	2 W	2 F	2 M	2 W
3 F	3 M	3 T	3 S	3 T	3 T
4 S	4 T	4 F	4 S	4 W	4 F
5 S	5 W	5 S	5 M	5 T	5 S
6 M	6 T	6 S	6 T	6 F	6 S
7 T	7 F	7 M	7 W	7 S	7 M
8 W	8 S	8 T	8 T	8 S	8 T
9 T	9 S	9 W	9 F	9 M	9 W
10 F	10 M	10 T	10 S	10 T	10 T
11 S	11 T	11 F	11 S	11 W	11 F
12 S	12 W	12 S	12 M	12 T	12 S
13 M	13 T	13 S	13 T	13 F	13 S
14 T	14 F	14 M	14 W	14 S	14 M
15 W	15 S	15 T	15 T	15 S	15 T
16 T	16 S	16 W	16 F	16 M	16 W
17 F	17 M	17 T	17 S	17 T	17 T
18 S	18 T	18 F	18 S	18 W	18 F
19 S	19 W	19 S	19 M	19 T	19 S
20 M	20 T	20 S	20 T	20 F	20 S
21 T	21 F	21 M	21 W	21 S	21 M
22 W	22 S	22 T	22 T	22 S	22 T
23 T	23 S	23 W	23 F	23 M	23 W
24 F	24 M	24 T	24 S	24 T	24 T
25 S	25 T	25 F	25 S	25 W	25 F
26 S	26 W	26 S	26 M	26 T	26 S
27 M	27 T	27 S	27 T	27 F	27 S
28 T	28 F	28 M	28 W	28 S	28 M
29 W	29 S	29 T	29 T	29 S	29 T
30 T	30 S	30 W	30 F	30 M	30 W
31 F	31 M		31 S		31 T

JANUARY 2026

SUNDAY	MONDAY	TUESDAY	WEDNESDAY
4	5	6	7
11	12	13	14
18	19 *Martin Luther King Day*	20	21
25	26	27	28

DECEMBER 2025
S M T W T F S
  1 2 3 4 5 6
7 8 9 10 11 12 13
14 15 16 17 18 19 20
21 22 23 24 25 26 27
28 29 30 31

JANUARY
S M T W T F S
      1 2 3
4 5 6 7 8 9 10
11 12 13 14 15 16 17
18 19 20 21 22 23 24
25 26 27 28 29 30 31

FEBRUARY
S M T W T F S
1 2 3 4 5 6 7
8 9 10 11 12 13 14
15 16 17 18 19 20 21
22 23 24 25 26 27 28

THURSDAY	FRIDAY	SATURDAY	NOTES
1 New Year's Day	2	3	
8	9	10	
15	16	17	
22	23	24	
29	30	31	
☐	☐	☐	
☐	☐	☐	
☐	☐	☐	
☐	☐	☐	
☐	☐	☐	

FEBRUARY 2026

SUNDAY	MONDAY	TUESDAY	WEDNESDAY
1	2	3	4
8	9	10	11
15	16 **Presidents' Day**	17	18
22	23	24	25

JANUARY
S	M	T	W	T	F	S
				1	2	3
4	5	6	7	8	9	10
11	12	13	14	15	16	17
18	19	20	21	22	23	24
25	26	27	28	29	30	31

FEBRUARY
S	M	T	W	T	F	S
1	2	3	4	5	6	7
8	9	10	11	12	13	14
15	16	17	18	19	20	21
22	23	24	25	26	27	28

MARCH
S	M	T	W	T	F	S
1	2	3	4	5	6	7
8	9	10	11	12	13	14
15	16	17	18	19	20	21
22	23	24	25	26	27	28
29	30	31				

THURSDAY	FRIDAY	SATURDAY	NOTES
5	6	7	
12	13	14	
19	20	21	
26	27	28	
☐	☐	☐	
☐	☐	☐	
☐	☐	☐	
☐	☐	☐	
☐	☐	☐	
THURSDAY	FRIDAY	SATURDAY	NOTES

MARCH 2026

SUNDAY	MONDAY	TUESDAY	WEDNESDAY
1	2	3	4
8	9	10	11
15	16	17	18
22	23	24	25
29	30	31	

FEBRUARY
S M T W T F S
1 2 3 4 5 6 7
8 9 10 11 12 13 14
15 16 17 18 19 20 21
22 23 24 25 26 27 28

MARCH
S M T W T F S
1 2 3 4 5 6 7
8 9 10 11 12 13 14
15 16 17 18 19 20 21
22 23 24 25 26 27 28
29 30 31

APRIL
S M T W T F S
            1 2 3 4
5 6 7 8 9 10 11
12 13 14 15 16 17 18
19 20 21 22 23 24 25
26 27 28 29 30

THURSDAY	FRIDAY	SATURDAY	NOTES
5	6	7	
12	13	14	
19	20	21	
26	27	28	
☐	☐	☐	
☐	☐	☐	
☐	☐	☐	
☐	☐	☐	
☐	☐	☐	

APRIL 2026

SUNDAY	MONDAY	TUESDAY	WEDNESDAY
			1
5	6	7	8
12	13	14	15
19	20	21	22
26	27	28	29

MARCH
S M T W T F S
1 2 3 4 5 6 7
8 9 10 11 12 13 14
15 16 17 18 19 20 21
22 23 24 25 26 27 28
29 30 31

APRIL
S M T W T F S
            1 2 3 4
5 6 7 8 9 10 11
12 13 14 15 16 17 18
19 20 21 22 23 24 25
26 27 28 29 30

MAY
S M T W T F S
                  1 2
3 4 5 6 7 8 9
10 11 12 13 14 15 16
17 18 19 20 21 22 23
24 25 26 27 28 29 30
31

THURSDAY	FRIDAY	SATURDAY	NOTES
2	3	4	
9	10	11	
16	17	18	
23	24	25	
30			
☐	☐	☐	
☐	☐	☐	
☐	☐	☐	
☐	☐	☐	
☐	☐	☐	

| THURSDAY | FRIDAY | SATURDAY | NOTES |

MAY 2026

SUNDAY	MONDAY	TUESDAY	WEDNESDAY
3	4	5	6
10	11	12	13
17	18	19	20
24	25 Memorial Day	26	27
31			

APRIL
S M T W T F S
            1 2 3 4
5 6 7 8 9 10 11
12 13 14 15 16 17 18
19 20 21 22 23 24 25
26 27 28 29 30

MAY
S M T W T F S
                  1 2
3 4 5 6 7 8 9
10 11 12 13 14 15 16
17 18 19 20 21 22 23
24 25 26 27 28 29 30
31

JUNE
S M T W T F S
   1 2 3 4 5 6
7 8 9 10 11 12 13
14 15 16 17 18 19 20
21 22 23 24 25 26 27
28 29 30

THURSDAY	FRIDAY	SATURDAY	NOTES
	1	2	
7	8	9	
14	15	16	
21	22	23	
28	29	30	
☐	☐	☐	
☐	☐	☐	
☐	☐	☐	
☐	☐	☐	
☐	☐	☐	

JUNE 2026

SUNDAY	MONDAY	TUESDAY	WEDNESDAY
	1	2	3
7	8	9	10
14	15	16	17
21	22	23	24
28	29	30	

MAY
S	M	T	W	T	F	S
					1	2
3	4	5	6	7	8	9
10	11	12	13	14	15	16
17	18	19	20	21	22	23
24	25	26	27	28	29	30
31						

JUNE
S	M	T	W	T	F	S
	1	2	3	4	5	6
7	8	9	10	11	12	13
14	15	16	17	18	19	20
21	22	23	24	25	26	27
28	29	30				

JULY
S	M	T	W	T	F	S
			1	2	3	4
5	6	7	8	9	10	11
12	13	14	15	16	17	18
19	20	21	22	23	24	25
26	27	28	29	30	31	

THURSDAY	FRIDAY	SATURDAY	NOTES
4	5	6	
11	12	13	
18	19	20	
25	26	27	
☐	☐	☐	
☐	☐	☐	
☐	☐	☐	
☐	☐	☐	
☐	☐	☐	

JULY 2026

SUNDAY	MONDAY	TUESDAY	WEDNESDAY
			1
5	6	7	8
12	13	14	15
19	20	21	22
26	27	28	29

JUNE
S M T W T F S
1 2 3 4 5 6
7 8 9 10 11 12 13
14 15 16 17 18 19 20
21 22 23 24 25 26 27
28 29 30

JULY
S M T W T F S
1 2 3 4
5 6 7 8 9 10 11
12 13 14 15 16 17 18
19 20 21 22 23 24 25
26 27 28 29 30 31

AUGUST
S M T W T F S
1
2 3 4 5 6 7 8
9 10 11 12 13 14 15
16 17 18 19 20 21 22
23 24 25 26 27 28 29
30 31

THURSDAY	FRIDAY	SATURDAY	NOTES
2	3	4 Independence Day	
9	10	11	
16	17	18	
23	24	25	
30	31		
☐	☐	☐	
☐	☐	☐	
☐	☐	☐	
☐	☐	☐	
☐	☐	☐	

AUGUST 2026

SUNDAY	MONDAY	TUESDAY	WEDNESDAY
2	3	4	5
9	10	11	12
16	17	18	19
23	24	25	26

30	31	JULY
		S M T W T F S
		      1 2 3 4 5 6
		7 8 9 10 11 12 13
		14 15 16 17 18 19 20
		21 22 23 24 25 26 27
		28 29 30 31
			AUGUST
			S M T W T F S
			                   1
			2 3 4 5 6 7 8
			9 10 11 12 13 14 15
			16 17 18 19 20 21 22
			23 24 25 26 27 28 29
			30 31

THURSDAY	FRIDAY	SATURDAY	NOTES
		1	
6	7	8	
13	14	15	
20	21	22	
27	28	29	
☐	☐	☐	
☐	☐	☐	
☐	☐	☐	
☐	☐	☐	
☐	☐	☐	

| THURSDAY | FRIDAY | SATURDAY | NOTES |

SEPTEMBER 2026

SUNDAY	MONDAY	TUESDAY	WEDNESDAY
		1	2
6	7 Labor Day	8	9
13	14	15	16
20	21	22	23
27	28	29	30

AUGUST	SEPTEMBER	OCTOBER
S M T W T F S	S M T W T F S	S M T W T F S
1	1 2 3 4 5	1 2 3
2 3 4 5 6 7 8	6 7 8 9 10 11 12	4 5 6 7 8 9 10
9 10 11 12 13 14 15	13 14 15 16 17 18 19	11 12 13 14 15 16 17
16 17 18 19 20 21 22	20 21 22 23 24 25 26	18 19 20 21 22 23 24
23 24 25 26 27 28 29	27 28 29 30	25 26 27 28 29 30 31
30 31		

THURSDAY	FRIDAY	SATURDAY	NOTES
3	4	5	
10	11	12	
17	18	19	
24	25	26	
☐	☐	☐	
☐	☐	☐	
☐	☐	☐	
☐	☐	☐	
☐	☐	☐	

OCTOBER 2026

SUNDAY	MONDAY	TUESDAY	WEDNESDAY
4	5	6	7
11	12	13	14
18	19	20	21
25	26	27	28

SEPTEMBER
S	M	T	W	T	F	S
		1	2	3	4	5
6	7	8	9	10	11	12
13	14	15	16	17	18	19
20	21	22	23	24	25	26
27	28	29	30			

OCTOBER
S	M	T	W	T	F	S
				1	2	3
4	5	6	7	8	9	10
11	12	13	14	15	16	17
18	19	20	21	22	23	24
25	26	27	28	29	30	31

NOVEMBER
S	M	T	W	T	F	S
1	2	3	4	5	6	7
8	9	10	11	12	13	14
15	16	17	18	19	20	21
22	23	24	25	26	27	28
29	30					

THURSDAY	FRIDAY	SATURDAY	NOTES
1	2	3	
8	9	10	
15	16	17	
22	23	24	
29	30	31	
☐	☐	☐	
☐	☐	☐	
☐	☐	☐	
☐	☐	☐	
☐	☐	☐	

NOVEMBER 2026

SUNDAY	MONDAY	TUESDAY	WEDNESDAY
1	2	3	4
8	9	10	11 Veterans Day
15	16	17	18
22	23	24	25
29	30		

OCTOBER
S	M	T	W	T	F	S
				1	2	3
4	5	6	7	8	9	10
11	12	13	14	15	16	17
18	19	20	21	22	23	24
25	26	27	28	29	30	31

NOVEMBER
S	M	T	W	T	F	S
1	2	3	4	5	6	7
8	9	10	11	12	13	14
15	16	17	18	19	20	21
22	23	24	25	26	27	28
29	30					

DECEMBER
S	M	T	W	T	F	S
		1	2	3	4	5
6	7	8	9	10	11	12
13	14	15	16	17	18	19
20	21	22	23	24	25	26
27	28	29	30	31		

THURSDAY	FRIDAY	SATURDAY	NOTES
5	6	7	
12	13	14	
19	20	21	
26 Thanksgiving Day	27	28	

DECEMBER 2026

SUNDAY	MONDAY	TUESDAY	WEDNESDAY
		1	2
6	7	8	9
13	14	15	16
20	21	22	23
27	28	29	30

NOVEMBER
S M T W T F S
1 2 3 4 5 6 7
8 9 10 11 12 13 14
15 16 17 18 19 20 21
22 23 24 25 26 27 28
29 30

DECEMBER
S M T W T F S
         1 2 3 4 5
6 7 8 9 10 11 12
13 14 15 16 17 18 19
20 21 22 23 24 25 26
27 28 29 30 31

JANUARY 2027
S M T W T F S
                  1 2
3 4 5 6 7 8 9
10 11 12 13 14 15 16
17 18 19 20 21 22 23
24 25 26 27 28 29 30
31

THURSDAY	FRIDAY	SATURDAY	NOTES
3	4	5	
10	11	12	
17	18	19	
24	25 Christmas Day	26	
31			
☐	☐	☐	
☐	☐	☐	
☐	☐	☐	
☐	☐	☐	
☐	☐	☐	
THURSDAY	FRIDAY	SATURDAY	NOTES

2027

2027

January	February	March	April	May	June
1 F	1 M	1 M	1 T	1 S	1 T
2 S	2 T	2 T	2 F	2 S	2 W
3 S	3 W	3 W	3 S	3 M	3 T
4 M	4 T	4 T	4 S	4 T	4 F
5 T	5 F	5 F	5 M	5 W	5 S
6 W	6 S	6 S	6 T	6 T	6 S
7 T	7 S	7 S	7 W	7 F	7 M
8 F	8 M	8 M	8 T	8 S	8 T
9 S	9 T	9 T	9 F	9 S	9 W
10 S	10 W	10 W	10 S	10 M	10 T
11 M	11 T	11 T	11 S	11 T	11 F
12 T	12 F	12 F	12 M	12 W	12 S
13 W	13 S	13 S	13 T	13 T	13 S
14 T	14 S	14 S	14 W	14 F	14 M
15 F	15 M	15 M	15 T	15 S	15 T
16 S	16 T	16 T	16 F	16 S	16 W
17 S	17 W	17 W	17 S	17 M	17 T
18 M	18 T	18 T	18 S	18 T	18 F
19 T	19 F	19 F	19 M	19 W	19 S
20 W	20 S	20 S	20 T	20 T	20 S
21 T	21 S	21 S	21 W	21 F	21 M
22 F	22 M	22 M	22 T	22 S	22 T
23 S	23 T	23 T	23 F	23 S	23 W
24 S	24 W	24 W	24 S	24 M	24 T
25 M	25 T	25 T	25 S	25 T	25 F
26 T	26 F	26 F	26 M	26 W	26 S
27 W	27 S	27 S	27 T	27 T	27 S
28 T	28 S	28 S	28 W	28 F	28 M
29 F		29 M	29 T	29 S	29 T
30 S		30 T	30 F	30 S	30 W
31 S		31 W		31 M	

2027

July	August	September	October	November	December
1 T	1 S	1 W	1 F	1 M	1 W
2 F	2 M	2 T	2 S	2 T	2 T
3 S	3 T	3 F	3 S	3 W	3 F
4 S	4 W	4 S	4 M	4 T	4 S
5 M	5 T	5 S	5 T	5 F	5 S
6 T	6 F	6 M	6 W	6 S	6 M
7 W	7 S	7 T	7 T	7 S	7 T
8 T	8 S	8 W	8 F	8 M	8 W
9 F	9 M	9 T	9 S	9 T	9 T
10 S	10 T	10 F	10 S	10 W	10 F
11 S	11 W	11 S	11 M	11 T	11 S
12 M	12 T	12 S	12 T	12 F	12 S
13 T	13 F	13 M	13 W	13 S	13 M
14 W	14 S	14 T	14 T	14 S	14 T
15 T	15 S	15 W	15 F	15 M	15 W
16 F	16 M	16 T	16 S	16 T	16 T
17 S	17 T	17 F	17 S	17 W	17 F
18 S	18 W	18 S	18 M	18 T	18 S
19 M	19 T	19 S	19 T	19 F	19 S
20 T	20 F	20 M	20 W	20 S	20 M
21 W	21 S	21 T	21 T	21 S	21 T
22 T	22 S	22 W	22 F	22 M	22 W
23 F	23 M	23 T	23 S	23 T	23 T
24 S	24 T	24 F	24 S	24 W	24 F
25 S	25 W	25 S	25 M	25 T	25 S
26 M	26 T	26 S	26 T	26 F	26 S
27 T	27 F	27 M	27 W	27 S	27 M
28 W	28 S	28 T	28 T	28 S	28 T
29 T	29 S	29 W	29 F	29 M	29 W
30 F	30 M	30 T	30 S	30 T	30 T
31 S	31 T		31 S		31 F

JANUARY 2027

SUNDAY	MONDAY	TUESDAY	WEDNESDAY
3	4	5	6
10	11	12	13
17	18 Martin Luther King Day	19	20
24	25	26	27

31	DECEMBER 2026
	S M T W T F S
	        1 2 3 4 5
	6 7 8 9 10 11 12
	13 14 15 16 17 18 19
	20 21 22 23 24 25 26
	27 28 29 30 31
		JANUARY
		S M T W T F S
		             1 2
		3 4 5 6 7 8 9
		10 11 12 13 14 15 16
		17 18 19 20 21 22 23
		24 25 26 27 28 29 30
		31
			FEBRUARY
			S M T W T F S
			  1 2 3 4 5 6
			7 8 9 10 11 12 13
			14 15 16 17 18 19 20
			21 22 23 24 25 26 27
			28

THURSDAY	FRIDAY	SATURDAY	NOTES
	1 New Year's Day	2	
7	8	9	
14	15	16	
21	22	23	
28	29	30	

FEBRUARY 2027

SUNDAY	MONDAY	TUESDAY	WEDNESDAY
	1	2	3
7	8	9	10
14	15 Presidents' Day	16	17
21	22	23	24
28			

JANUARY
S	M	T	W	T	F	S
					1	2
3	4	5	6	7	8	9
10	11	12	13	14	15	16
17	18	19	20	21	22	23
24	25	26	27	28	29	30
31						

FEBRUARY
S	M	T	W	T	F	S
	1	2	3	4	5	6
7	8	9	10	11	12	13
14	15	16	17	18	19	20
21	22	23	24	25	26	27
28						

MARCH
S	M	T	W	T	F	S
	1	2	3	4	5	6
7	8	9	10	11	12	13
14	15	16	17	18	19	20
21	22	23	24	25	26	27
28	29	30	31			

THURSDAY	FRIDAY	SATURDAY	NOTES
4	5	6	
11	12	13	
18	19	20	
25	26	27	
☐	☐	☐	
☐	☐	☐	
☐	☐	☐	
☐	☐	☐	
☐	☐	☐	

MARCH 2027

SUNDAY	MONDAY	TUESDAY	WEDNESDAY
	1	2	3
7	8	9	10
14	15	16	17
21	22	23	24
28	29	30	31

FEBRUARY
S	M	T	W	T	F	S
	1	2	3	4	5	6
7	8	9	10	11	12	13
14	15	16	17	18	19	20
21	22	23	24	25	26	27
28						

MARCH
S	M	T	W	T	F	S
	1	2	3	4	5	6
7	8	9	10	11	12	13
14	15	16	17	18	19	20
21	22	23	24	25	26	27
28	29	30	31			

APRIL
S	M	T	W	T	F	S
				1	2	3
4	5	6	7	8	9	10
11	12	13	14	15	16	17
18	19	20	21	22	23	24
25	26	27	28	29	30	

THURSDAY	FRIDAY	SATURDAY	NOTES
4	5	6	
11	12	13	
18	19	20	
25	26	27	
☐	☐	☐	
☐	☐	☐	
☐	☐	☐	
☐	☐	☐	
☐	☐	☐	

APRIL 2027

SUNDAY	MONDAY	TUESDAY	WEDNESDAY
4	5	6	7
11	12	13	14
18	19	20	21
25	26	27	28

MARCH
S	M	T	W	T	F	S
	1	2	3	4	5	6
7	8	9	10	11	12	13
14	15	16	17	18	19	20
21	22	23	24	25	26	27
28	29	30	31			

APRIL
S	M	T	W	T	F	S
				1	2	3
4	5	6	7	8	9	10
11	12	13	14	15	16	17
18	19	20	21	22	23	24
25	26	27	28	29	30	

MAY
S	M	T	W	T	F	S
						1
2	3	4	5	6	7	8
9	10	11	12	13	14	15
16	17	18	19	20	21	22
23	24	25	26	27	28	29
30	31					

THURSDAY	FRIDAY	SATURDAY	NOTES
1	2	3	
8	9	10	
15	16	17	
22	23	24	
29	30		
☐	☐	☐	
☐	☐	☐	
☐	☐	☐	
☐	☐	☐	
☐	☐	☐	

MAY 2027

SUNDAY	MONDAY	TUESDAY	WEDNESDAY
2	3	4	5
9	10	11	12
16	17	18	19
23	24	25	26
30	31 Memorial Day		

APRIL
S	M	T	W	T	F	S
				1	2	3
4	5	6	7	8	9	10
11	12	13	14	15	16	17
18	19	20	21	22	23	24
25	26	27	28	29	30	

MAY
S	M	T	W	T	F	S
						1
2	3	4	5	6	7	8
9	10	11	12	13	14	15
16	17	18	19	20	21	22
23	24	25	26	27	28	29
30	31					

THURSDAY	FRIDAY	SATURDAY	NOTES
		1	
6	7	8	
13	14	15	
20	21	22	
27	28	29	
☐	☐	☐	
☐	☐	☐	
☐	☐	☐	
☐	☐	☐	
☐	☐	☐	

JUNE 2027

SUNDAY	MONDAY	TUESDAY	WEDNESDAY
		1	2
6	7	8	9
13	14	15	16
20	21	22	23
27	28	29	30

MAY
S	M	T	W	T	F	S
						1
2	3	4	5	6	7	8
9	10	11	12	13	14	15
16	17	18	19	20	21	22
23	24	25	26	27	28	29
30	31					

JUNE
S	M	T	W	T	F	S
		1	2	3	4	5
6	7	8	9	10	11	12
13	14	15	16	17	18	19
20	21	22	23	24	25	26
27	28	29	30			

JULY
S	M	T	W	T	F	S
				1	2	3
4	5	6	7	8	9	10
11	12	13	14	15	16	17
18	19	20	21	22	23	24
25	26	27	28	29	30	31

THURSDAY	FRIDAY	SATURDAY	NOTES
3	4	5	
10	11	12	
17	18	19 Juneteenth	
24	25	26	

JULY 2027

SUNDAY	MONDAY	TUESDAY	WEDNESDAY
4 Independence Day	5	6	7
11	12	13	14
18	19	20	21
25	26	27	28

JUNE
S M T W T F S
      1 2 3 4 5
 6 7 8 9 10 11 12
13 14 15 16 17 18 19
20 21 22 23 24 25 26
27 28 29 30

JULY
S M T W T F S
            1 2 3
 4 5 6 7 8 9 10
11 12 13 14 15 16 17
18 19 20 21 22 23 24
25 26 27 28 29 30 31

AUGUST
S M T W T F S
 1 2 3 4 5 6 7
 8 9 10 11 12 13 14
15 16 17 18 19 20 21
22 23 24 25 26 27 28
29 30 31

THURSDAY	FRIDAY	SATURDAY	NOTES
1	2	3	
8	9	10	
15	16	17	
22	23	24	
29	30	31	
☐	☐	☐	
☐	☐	☐	
☐	☐	☐	
☐	☐	☐	
☐	☐	☐	

AUGUST 2027

SUNDAY	MONDAY	TUESDAY	WEDNESDAY
1	2	3	4
8	9	10	11
15	16	17	18
22	23	24	25
29	30	31	

JULY
S M T W T F S
            1 2 3
4 5 6 7 8 9 10
11 12 13 14 15 16 17
18 19 20 21 22 23 24
25 26 27 28 29 30 31

AUGUST
S M T W T F S
1 2 3 4 5 6 7
8 9 10 11 12 13 14
15 16 17 18 19 20 21
22 23 24 25 26 27 28
29 30 31

SEPTEMBER
S M T W T F S
            1 2 3 4
5 6 7 8 9 10 11
12 13 14 15 16 17 18
19 20 21 22 23 24 25
26 27 28 29 30

THURSDAY	FRIDAY	SATURDAY	NOTES
5	6	7	
12	13	14	
19	20	21	
26	27	28	
☐	☐	☐	
☐	☐	☐	
☐	☐	☐	
☐	☐	☐	
☐	☐	☐	
THURSDAY	FRIDAY	SATURDAY	NOTES

SEPTEMBER 2027

SUNDAY	MONDAY	TUESDAY	WEDNESDAY
			1
5	6 Labor Day	7	8
12	13	14	15
19	20	21	22
26	27	28	29

AUGUST
S M T W T F S
1 2 3 4 5 6 7
8 9 10 11 12 13 14
15 16 17 18 19 20 21
22 23 24 25 26 27 28
29 30 31

SEPTEMBER
S M T W T F S
      1 2 3 4
5 6 7 8 9 10 11
12 13 14 15 16 17 18
19 20 21 22 23 24 25
26 27 28 29 30

OCTOBER
S M T W T F S
          1 2
3 4 5 6 7 8 9
10 11 12 13 14 15 16
17 18 19 20 21 22 23
24 25 26 27 28 29 30
31

THURSDAY	FRIDAY	SATURDAY	NOTES
2	3	4	
9	10	11	
16	17	18	
23	24	25	
30			
☐	☐	☐	
☐	☐	☐	
☐	☐	☐	
☐	☐	☐	
☐	☐	☐	

OCTOBER 2027

SUNDAY	MONDAY	TUESDAY	WEDNESDAY
3	4	5	6
10	11 Columbus Day	12	13
17	18	19	20
24	25	26	27

31	**SEPTEMBER**
	S M T W T F S
	          1 2 3 4
	5 6 7 8 9 10 11
	12 13 14 15 16 17 18
	19 20 21 22 23 24 25
	26 27 28 29 30
		OCTOBER
		S M T W T F S
		             1 2
		3 4 5 6 7 8 9
		10 11 12 13 14 15 16
		17 18 19 20 21 22 23
		24 25 26 27 28 29 30
		31
			NOVEMBER
			S M T W T F S
			  1 2 3 4 5 6
			7 8 9 10 11 12 13
			14 15 16 17 18 19 20
			21 22 23 24 25 26 27
			28 29 30

THURSDAY	FRIDAY	SATURDAY	NOTES
	1	2	
7	8	9	
14	15	16	
21	22	23	
28	29	30	
☐	☐	☐	
☐	☐	☐	
☐	☐	☐	
☐	☐	☐	
☐	☐	☐	

| THURSDAY | FRIDAY | SATURDAY | NOTES |

NOVEMBER 2027

SUNDAY	MONDAY	TUESDAY	WEDNESDAY
	1	2	3
7	8	9	10
14	15	16	17
21	22	23	24
28	29	30	

OCTOBER
S	M	T	W	T	F	S
					1	2
3	4	5	6	7	8	9
10	11	12	13	14	15	16
17	18	19	20	21	22	23
24	25	26	27	28	29	30
31						

NOVEMBER
S	M	T	W	T	F	S
	1	2	3	4	5	6
7	8	9	10	11	12	13
14	15	16	17	18	19	20
21	22	23	24	25	26	27
28	29	30				

DECEMBER
S	M	T	W	T	F	S
			1	2	3	4
5	6	7	8	9	10	11
12	13	14	15	16	17	18
19	20	21	22	23	24	25
26	27	28	29	30	31	

THURSDAY	FRIDAY	SATURDAY	NOTES
4	5	6	
11 Veterans Day	12	13	
18	19	20	
25 Thanksgiving Day	26	27	

DECEMBER 2027

SUNDAY	MONDAY	TUESDAY	WEDNESDAY
			1
5	6	7	8
12	13	14	15
19	20	21	22
26	27	28	29

NOVEMBER
S M T W T F S
　 1 2 3 4 5 6
7 8 9 10 11 12 13
14 15 16 17 18 19 20
21 22 23 24 25 26 27
28 29 30

DECEMBER
S M T W T F S
　 　 　 1 2 3 4
5 6 7 8 9 10 11
12 13 14 15 16 17 18
19 20 21 22 23 24 25
26 27 28 29 30 31

JANUARY
S M T W T F S
　 　 　 　 　 　 1
2 3 4 5 6 7 8
9 10 11 12 13 14 15
16 17 18 19 20 21 22
23 24 25 26 27 28 29
30 31

THURSDAY	FRIDAY	SATURDAY	NOTES
2	3	4	
9	10	11	
16	17	18	
23	24	25 Christmas Day	
30	31		

Important Dates

JANUARY	FEBRUARY	MARCH	APRIL

MAY	JUNE	JULY	AUGUST

SEPTEMBER	OCTOBER	NOVEMBER	DECEMBER

Name & Address	Phone & Fax	Name & Address	Phone & Fax

Name & Address	Phone & Fax	Name & Address	Phone & Fax

Name & Address	Phone & Fax	Name & Address	Phone & Fax

Expense Tracker

	January	February	March	April	May	June
Fixed Expenses						
Mortgage/Rent						
Utilities						
Total						
Other Expenses						
Total						
Total Expenses						
Income						
Total Income						
Savings						
Total Savings						

Expense Tracker

July	August	September	October	November	December	YTD Total

Expense Tracker

	January	February	March	April	May	June
Fixed Expenses						
Mortgage/Rent						
Utilities						
Total						

	January	February	March	April	May	June
Other Expenses						
Total						
Total Expenses						

	January	February	March	April	May	June
Income						
Total Income						

	January	February	March	April	May	June
Savings						
Total Savings						

Expense Tracker

July	August	September	October	November	December	YTD Total

Expense Tracker

	January	February	March	April	May	June
Fixed Expenses						
Mortgage/Rent						
Utilities						
Total						

	January	February	March	April	May	June
Other Expenses						
Total						
Total Expenses						

	January	February	March	April	May	June
Income						
Total Income						

	January	February	March	April	May	June
Savings						
Total Savings						

Expense Tracker

July	August	September	October	November	December	YTD Total

Expense Tracker

	January	February	March	April	May	June
Fixed Expenses						
Mortgage/Rent						
Utilities						
Total						

	January	February	March	April	May	June
Other Expenses						
Total						
Total Expenses						

	January	February	March	April	May	June
Income						
Total Income						

	January	February	March	April	May	June
Savings						
Total Savings						

Expense Tracker

July	August	September	October	November	December	YTD Total

Expense Tracker

	January	February	March	April	May	June
Fixed Expenses						
Mortgage/Rent						
Utilities						
Total						

	January	February	March	April	May	June
Other Expenses						
Total						
Total Expenses						

	January	February	March	April	May	June
Income						
Total Income						

	January	February	March	April	May	June
Savings						
Total Savings						

Expense Tracker

July	August	September	October	November	December	YTD Total

www.ingramcontent.com/pod-product-compliance
Lightning Source LLC
Chambersburg PA
CBHW080458240426
43673CB00005B/231